PROGRAMME

DE LA CÉRÉMONIE DU *TE DEUM*

Qui sera chanté dans l'Église métropolitaine de Paris, le 15 Août 1807.

ART. 1.er

SAMEDI 15 août, à six heures du matin, l'église métropolitaine et toutes ses avenues seront occupées par la garde impériale, sous le commandement et la police de S. Exc. M. le grand-maréchal du palais.

A la même heure, une salve d'artillerie annoncera la fête.

2.

Le même jour, à 11 heures, l'EMPEREUR partira du palais des Tuileries pour se rendre à Notre-Dame.

3.

Le cortége de Sa Majesté marchera dans l'ordre suivant :

Les hérauts d'armes à cheval ;

Une voiture pour les maîtres et aides des cérémonies ;

Deux voitures pour les grands officiers de l'Empire ;

Trois voitures pour les ministres ;

Une voiture pour le grand-écuyer et le grand-maître des cérémonies ;

Deux voitures pour les princes grands dignitaires ;

La voiture de couronnement de Sa Majesté, dans laquelle seront l'EMPEREUR et S. A. I. Mgr le prince Jérôme ;

Les colonels-généraux de la garde, les aides-de-camp et les écuyers de S. M. seront à cheval autour de la voiture ; le maréchal premier inspecteur général de la gendarmerie sera à cheval derrière la voiture ;

Une voiture pour le grand-aumônier, le grand-chambellan, le grand-maréchal et le grand-veneur.

Deux voitures pour les officiers de service de la maison de l'EMPEREUR.

La marche du cortége sera ouverte et fermée par des corps de troupes à cheval.

S. Exc. M. le gouverneur de Paris sera à cheval à la tête du cortége avec son état-major.

4.

Le cortége marchera au milieu d'une haie de troupes, en suivant le Carrousel, la rue Saint-Nicaise, la rue Saint-Honoré, la rue du Roule, le Pont-Neuf, le quai des Orfévres, la rue Saint-Louis, la rue du Marché-Neuf et celle du parvis Notre-Dame.

5.

Sa Majesté descendra au portail de l'église métropolitaine ; S. Ém. le cardinal-archevêque et le clergé recevront Sa Majesté à l'entrée de l'église, et la conduiront au chœur sous le dais.

Le clergé précédera le cortége, qui marchera dans l'ordre suivant :

Les huissiers,

Les hérauts d'armes,

Le chef des hérauts d'armes,

Les pages,

Les aides des cérémonies,

Les maîtres des cérémonies,

Les aides-de-camp de l'EMPEREUR,

Les grands officiers de l'Empire,

Les ministres,

Le grand-maréchal, le grand-écuyer et le grand-maître des cérémonies,

Les princes grands dignitaires,

S. A. I. M.gr le prince Jérôme,

L'EMPEREUR sous le dais,

Les colonels généraux de la garde,

Le grand-aumônier, le grand-chambellan et le grand-veneur,

Les officiers de service de la maison de Sa Majesté.

6.

Le cortége, en entrant dans le chœur, se rangera en haie à droite et à gauche. Sa Majesté, précédée et suivie des grands officiers et officiers de sa maison, sera conduite par S. A. Ém. M.gr le grand-aumônier, au pied de l'autel, où elle se mettra à genoux sur un carreau qui y sera placé à cet effet.

Pendant qu'elle y sera, toutes les personnes du cortége iront prendre leurs places autour du trône; et lorsque Sa Majesté aura fini sa prière, elle sera conduite à son trône par les grands officiers et officiers de sa maison.

Deux degrés plus bas, à sa droite, sur des chaises, seront S. A. I. M.gr le prince Jérôme et le prince archi-trésorier; à gauche, le prince archi-chancelier de l'Empire et le prince grand-amiral.

Derrière l'EMPEREUR, les colonels généraux de la garde, le grand-maréchal, le grand-aumônier à droite, et un peu en arrière du trône ; les officiers de service de la maison de l'EMPEREUR, derrière les grands officiers de la couronne ; à la troisième marche de l'estrade, le grand-chambellan, le grand-écuyer et le grand-maître des cérémonies, sur des plians ; en bas de l'estrade, à droite, sur des banquettes, les ministres ; à gauche, les grands officiers de l'Empire ; les aides-de-camp debout sur les angles des degrés ; les maîtres et aides des cérémonies aussi debout au pied du trône ; les pages assis sur les marches ; les hérauts d'armes à l'entrée du chœur.

7.

Dans le chœur et dans la nef à droite et à gauche, sur des banquettes, seront placés les différens corps dans l'ordre qui suit :

Le Sénat ;
Le Conseil d'état ;
Le Tribunat ;
La cour de cassation ;
Les grands officiers de la Légion d'honneur ;
Les commissaires de la comptabilité nationale ;
La cour d'appel ;
La cour de justice criminelle ;
Le corps municipal de Paris ;
L'état-major.

8.

Avant dix heures, le Sénat partira de son palais, le Conseil d'état des Tuileries, le Tribunat de son palais, et la cour de cassation du lieu ordinaire de ses séances.

Ces corps seront placés par les maîtres et aides des cérémonies.

Tous les autres corps se rendront avant 9 heures à Notre-

Dame, où ils seront reçus de même et conduits aux places qui leur sont destinées.

9.

Les tribunes du chœur seront préparées pour S. M. l'Impératrice, la famille impériale, le corps diplomatique, et pour les officiers et dames de LL. MM. et des princes et princesses.

La travée au-dessus de l'autel sera occupée par la musique; on entrera par billets dans les autres travées du chœur et dans celles de la nef, qui seront décorées.

A onze heures, personne n'entrera plus dans l'église. Les billets désigneront les diverses portes par lesquelles on devra entrer.

10.

Le grand-maître ayant pris et transmis les ordres de S. M., un des aumôniers de l'EMPEREUR dira la messe, et ensuite S. Ém. le cardinal-archevêque entonnera le *Te Deum*, qui sera exécuté à grand orchestre par la musique de la chapelle.

11.

Après le *Te Deum*, S. M. se rendra de nouveau au pied de l'autel, et y sera conduite de la même manière qu'à son arrivée. Pendant ce temps, toutes les personnes qui forment le cortége reprendront leur rang; et l'EMPEREUR, après sa prière, sera reconduit sous le dais par le clergé, comme à son entrée dans l'église. Le cortége se remettra en marche, et se rendra au palais des Tuileries par la rue du Parvis-Notre-Dame, la rue de la Barillerie, le Pont-au-Change, la place du Châtelet, la rue Saint-Denis, les Boulevarts, la rue et la place de la Concorde, et le jardin des Tuileries.

Le départ de S. M. du palais des Tuileries, son arrivée à l'église métropolitaine, son départ de Notre-Dame et son retour au palais, seront annoncés par des salves d'artillerie.

12.

Le soir, le palais et le jardin des Tuileries seront illuminés. Il y aura, à 9 heures, concert sur la terrasse, et cercle dans les appartemens de Sa Majesté.

Le Grand-maître des cérémonies, L. P. SÉGUR.

À PARIS, DE L'IMPRIMERIE IMPÉRIALE. Août 1807.

CÉRÉMONIAL

Pour l'Ouverture de la Session du Corps législatif.

ART. Ier

DIMANCHE 16 août, à six heures du matin, la garde impériale occupera tous les postes du palais du Corps législatif, sous le commandement de S. Exc. M. le grand-maréchal du palais, qui en aura la police.

A midi il y aura messe à la chapelle de Sa Majesté.

2.

L'EMPEREUR partira du palais des Tuileries le même jour à cinq heures après midi, pour se rendre au Corps législatif.

3.

La marche sera ouverte et fermée par des corps de troupes à cheval.

S. Exc. M. le gouverneur de Paris sera à cheval à la tête du cortége.

4.

Le cortége marchera au milieu d'une haie de troupes, traversera le Carrousel, le Pont-Royal, le quai, la rue de Belle-Chasse, la rue de l'Université, la place du palais du Corps législatif, entrera dans ce palais par la porte des Acacias, et S. M. descendra au perron du président du Corps législatif.

5.

Le cortége impérial marchera dans l'ordre suivant :

Les hérauts d'armes à cheval ;

Une voiture pour les maîtres et aides des cérémonies;

Deux voitures pour les grands officiers de l'Empire ;

Trois voitures pour les ministres ;

Une voiture pour le grand-écuyer et le grand-maître des cérémonies ;

Deux voitures pour les princes grands dignitaires ;

La voiture de S. M. dans laquelle seront l'EMPEREUR et S. A. I. M.gr le prince Jérôme.

Les colonels généraux de la garde, les aides-de-camp de S. M., et les écuyers, seront à cheval autour de la voiture; le maréchal premier inspecteur général de la gendarmerie, à cheval derrière la voiture.

Une voiture pour le grand-aumônier, le grand-chambellan, le grand-maréchal et le grand-veneur.

Deux voitures pour les officiers de la maison de S. M.

6.

Une salve d'artillerie annoncera le départ de S. M. des Tuileries, et son arrivée au palais du Corps législatif.

7.

Le président et vingt-cinq législateurs iront à la porte extérieure du palais recevoir S. M.

8.

Le Tribunat partira de son palais à trois heures et demie; le Conseil d'état, des Tuileries, à quatre heures, et une députation du Sénat, composée de douze sénateurs, partira du palais du Sénat à quatre heures, pour se rendre au Corps législatif dans les salles qui leur seront destinées, et où deux législateurs, nommés à cet effet, conduiront chaque corps, ainsi que la députation du Sénat.

9.

Lorsque le cortége de S. M. arrivera, le Tribunat, puis le Conseil d'état, et enfin la députation du Sénat, entreront successivement dans la salle des séances du Corps législatif; les conseillers d'état occuperont les deux premiers rangs de banquettes, du côté de leurs places accoutumées; les tribuns, les deux premiers rangs de banquettes, vis-à-vis les conseillers d'état. Les douze sénateurs seront placés dans le parquet en face du trône, sur douze chaises, devant les conseillers d'état et les tribuns.

10.

L'EMPEREUR, après s'être reposé dans les appartemens préparés pour le recevoir, se mettra en marche par la bibliothèque et la galerie; son cortége marchera dans l'ordre suivant :

La députation des législateurs précédera le cortége,
Les huissiers,
Les hérauts d'armes,
Le chef des hérauts,
Les pages,
Les aides des cérémonies,
Les maîtres des cérémonies,
Les aides-de-camp de l'EMPEREUR,
Les grands officiers de l'Empire,
Les ministres,

Le grand-maréchal, le grand-écuyer et le grand-maître des cérémonies,

Les princes grands dignitaires,

S. A. I. M.gr le prince Jérôme,

L'EMPEREUR,

Les colonels généraux de la garde, le grand-aumônier, le grand-chambellan et le grand-veneur,

Derrière eux, les officiers de service de la maison de S. M.

II.

Lorsque le cortége arrivera dans la salle des séances, tous les législateurs se leveront; ceux de la députation iront prendre leur place. Le président se placera en face du trône, au milieu de son corps, sur une chaise, ayant deux huissiers derrière lui.

Les huissiers de S. M. se placeront aux portes; les hérauts se placeront aux deux extrémités des escaliers, le chef entre les messagers d'état du Corps législatif, sur le côté droit; les pages se rangeront en haie dans le parquet jusqu'à ce que l'EMPEREUR soit placé; le reste du cortége montera l'escalier, et en montant par le couloir de droite, chacun ira prendre sa place ordinaire autour du trône.

S. A. I. M.gr le prince Jérôme, à la droite de l'EMPEREUR, et les princes grands dignitaires à droite et à gauche sur leurs chaises, les ministres à droite, les grands officiers à gauche sur leurs bancs, le grand-aumônier à droite et un peu en arrière du trône; les colonels généraux de la garde, le grand-maréchal et le grand-veneur derrière le trône; le grand-chambellan, le grand-écuyer et le grand-maître des cérémonies, sur des plians devant et au pied du trône; les maîtres des cérémonies au haut des escaliers latéraux, les aides des cérémonies à leur côté; les aides-de-camp et les officiers de service de la maison de S. M. se tiendront derrière les colonels généraux et le grand-maréchal; les pages se partageront sur les marches des escaliers latéraux.

12.

L'EMPEREUR étant assis, tout le monde se couvrira; le grand-maître des cérémonies prendra ses ordres et les transmettra à S. A. S. le prince archi-chancelier, qui, descendant par le couloir et s'avançant près de la balustrade au bas des cinq marches du trône, demandera à Sa Majesté la permission de lui présenter successivement les membres du Corps législatif nouvellement élus, et de les admettre à prêter serment.

Cela fait, le grand-maître dira à un maître des cérémonies d'avertir un questeur pour indiquer successivement les législateurs qui doivent prêter ce serment.

13.

Un aide des cérémonies, d'après les ordres du grand-maître, transmis par le maître des cérémonies, ira chercher le questeur, qui montera sur l'estrade au milieu du parquet.

14.

Le questeur appellera lentement et successivement les législateurs précités, par ordre alphabétique.

15.

Dès qu'un législateur sera appelé, il se découvrira et descendra au pied du trône; le prince archi-chancelier répétera son nom à Sa Majesté. Le législateur prêtera, debout et à haute voix, le serment.

16.

L'appel terminé, et tous les législateurs nouveaux ayant prêté serment, l'Empereur prononcera un discours ; pendant que l'Empereur parlera, tout le monde sera découvert.

17.

Le discours de S. M. étant fini, elle se levera, et tout le cortége retournera dans les appartemens d'où il était sorti, en suivant le même ordre qui avait été observé pour arriver.

18.

L'Empereur remontera en voiture, et prendra, avec le même cortége, le chemin qu'il avait suivi pour venir au palais du Corps législatif.

19.

Il sera de même précédé et reconduit par la députation de vingt-cinq législateurs jusqu'à la porte extérieure.

20.

Le départ de S. M. du palais du Corps législatif, et son arrivée aux Tuileries, seront pareillement annoncés par des salves d'artillerie.

21.

Lorsque le cortége impérial sera sorti du palais du Corps législatif, les douze sénateurs en partiront pour se rendre à leur palais, et successivement le Conseil d'état et le Tribunat en partiront de la même manière pour retourner, le premier aux Tuileries, et le second au palais du Tribunat.

Le soir, le palais et le jardin des Tuileries seront illuminés, et il y aura cercle, concert et ballet dans les appartemens de S. M.

Le Grand-maître des cérémonies,

Signé L. P. SÉGUR.

À PARIS, DE L'IMPRIMERIE IMPÉRIALE. Août 1807.

www.ingramcontent.com/pod-product-compliance
Lightning Source LLC
LaVergne TN
LVHW020458230826
846091LV00008BA/3272

* 9 7 8 2 0 1 3 6 2 6 5 3 8 *